Freude, Fertigkeiten
und Futtern mit
Dachs und Maus
15. Dachs-Maus-Buch

Freude, Fertigkeiten und Futtern mit Dachs und Maus
15. Dachs-Maus-Buch

Brigitte Prem
Evelyne Prem
Alexander Stahlhacke

Zu den Autoren

Brigitte Prem, geboren 1948 in Salzburg, abgeschlossenes Studium der Germanistik, Anglistik und Romanistik, kleinere Studien in Soziologie. Schule des Schreibens. Vielseitige berufliche Tätigkeiten: Verkäuferin, Serviererin, Sekretärin, 40 Jahre Lehrerin, Ehrenamtliche Jugendgruppe. Nachhilfelehrerin. Autorin. Pensionistin seit 2012. Fühlt sich als Kärntnerin, lebt im Land Salzburg. Ehefrau. Oma. Es sind von ihr einige Kleinkinderbücher, ein Märchenroman, ein Kurzgeschichtenband, eine Abhandlung über Salige (englisch), ein Aufsatz über Lebensskript im Märchen, einige Geschichten in "Smart-storys" und im Literaturpodium, erschienen.

Der Lit-Verlag-ATE veröffentlichte den Roman "Der Bergbauer und das Salkweib", zu dem "Gustav, der Wehrbauer" als Fortsetzung betrachtet werden kann.

https://brigitte-prem-autorin.jimdo.com/

Evelyne Prem, alias Mama Gämse: Evelyne Prem ist Mitautorin von „Mama weg, Bruder genügt", „Dachs und Maus und die Erwachsenen", „Dachs und Maus mit Opa Elefant und dem Fahrrad in die Welt", „Rose, Suppe und Torte", „Wo ist das Benimm, Dachs und Maus" , "Dachs und Maus auf dem Traktor" und „Fahrradkinder".

Alexander Stahlhacke: Das Traktorlied , das Spinnenlied und das Kartoffellied. Mitautor von "Das Krokodil", "Dachs und Maus auf dem Traktor' , „Fahrradkinder", "Tiere, Pilze und Steine mit Dachs und Maus" und "Dachs und Maus auf neuen Wegen".

"Freude, Fertigkeiten und Futtern mitDachs und Maus" - 15. Dachs-Maus-Buch

Die Bilder und die Gestaltung des Deckblattes von Brigitte Prem, alias Nilpferd.

Bibliografische Information der Deutschen
Nationalbibliothek: Die Deutsche
Nationalbibliothek verzeichnet diese Publikation
in der Deutschen Nationalbibliografie; detaillierte
bibliografische Daten sind im Internet über
dnb.dnb.de abrufbar.
© 2022 Brigitte Prem
Herstellung und Verlag: BoD – Books on
Demand, Norderstedt
ISBN: 9783756862047

Veröffentlichungen von Brigitte Prem

Historizierender Roman:
jjj "Der Bergbauer und das Salkweib", Lit-Verlag-ATE 2020

Kinderbücher
jjj Dachs und Maus ihre Familie und ihre Freunde BoD 2022
jjj Dachs und Maus auf neuen Wegen BoD 2020
jjj Dachs und Maus auf dem Traktor BoD-Verlag
jjj Dachsbär, Buch für Kleinkinder, 2016, BoD-Verlag
jjj Herr Dachs und Frau Maus , Buch für Kleinkinder, BoD-Verlag, 2016
jjj Das Krokodil, Buch für kleine Kinder, BoD-Verlag 2017. jjj Max und Maus im Blauhaus, Buch für kleine Kinder, gemeinsam mit Evelyne Prem BoD-Verlag 2017
jjj Mama weg, Bruder genügt. Buch für kleine Kinder, BoD-Verlag
jjj Dachs und Maus und die Erwachsenen Buch für kleine Kinder, BoD-Verlag
jjj Dachs und Maus mit Opa Elefant und dem Fahrrad in die Welt BoD-Verlag
jjj Die Fahrradkinder BoD-Verlag
jjj Rose, Suppe und Torte von Dachs und Maus BoD-Verlag
jjj Wo ist das Benimm, Dachs und Maus von Brigitte Prem, Evelyne Prem, Alexander Stahlhacke BoD-Verlag 2018

Kurzgeschichten
jjj Reiselust und Lebenslust Kurzgeschichten, gemeinsam mit Blanka Trunitschek, BoD-Verlag, 2022
jjj Lebenssplitter - Splitter des Lebens, Kurzgeschichten, gemeinsam mit Blanka Trunitschek, BoD-Verlag, 2015
jjj 15 Geschichten in www.smartstorys.at.
jjj Der Tod In: Erzählband S. 377ff und Das Fahrrad In: Märchenband, alle: Literaturpodium Berlin 2018
jjj Blau, grünblau, graublau, das Leben einer Schwalbe, In: Den Wellen gegenüber, Literaturpodium Berlin 2019

Sachbücher
jjj The Wee Folk, Sachbuch, gemeinsam mit Joan Smith 1980, englisch, GrinVerlag.
jjj Das Lebensskript im Märchen, Aufsatz, Grin-Verlag 2016

Märchenroman
jjj Die Suche nach den drei Schätzen", deutsch und englisch, gemeinsam mit Sharon Gaal, BoD-Verlag 2016

Gedichte
jjj Brigitte Prem: Juli des Lebens . In: Soziale Brücken, ökologische Zukunft.
jjj Brigitte Prem – Herausgeber: Caroline Gärtner Impressionen BoD-Verlag 2019 319

Links

http://bprem.byethost13.com/main.html?i=1
Über mich
https://irish-fairies.jimdo.com/   Salige und Sidhe
https://friedensliteratur.jimdo.com/
Frieden in der Welt
https://verantwortung-nachhaltigkeit.jimdo.com/
Frieden mit der Natur
https://pazifik.jimdo.com/   Familie und Freunde
https://brigitte-prem-autorin.jimdo.com/
Über mich
http://bprem.22web.org/
Gedichte, Sprüche, Geschichten

Über diese Familie:
Dachs und Maus, Gämse,
Papa Bär, Oma Nilpferd,
Onkel Krokodil,
Opa Elefant, der vom Himmel
über seine Familie wacht,
die Kuchenoma.

Dachs und Maus sind junge
Schulkinder mit vielseitigen
Interessen: Häkeln, Stricken, für
Puppen Kleider Nähen, Laub-
säge, Fossilien, Steine, Bäume,
Arbeiten im eigenen Beet,
Kuchen Backen, Lesen, im Wald
Häuschen Bauen, Basteln,
Freunde auf dem Spielplatz oder
zu Hause Treffen, Wandern.

Und nun geht es los!

Die Zahnfee

Dachsi macht brav seine Schularbeiten. In der Pause fängt Gämsi einen Kuchen an, doch da ruft Dachs schon: "Mama, sollen wir jetzt weitermachen?"

Gämsi folgt den pflichtbe-wussten Dachs schon und erklärt nur noch dem Mausi, was zu tun ist. Und Mausi ist allein und knetet den Teig, stürzt und walkt ihn auf's Backblech und macht alles so schön, dass Mama Gämsi entzückt ist.

Beim Zähneputzen merkt das Gämsi, dass dem Mausi die Zähne wackeln. Mausi ist ja sooo stolz, denn beim Bruder war das immer so eine Aufregung. Beim Dachs entdeckt Gämsi tatsächlich noch ein Zähnchen, das ganz hinten oben neu dazu kommt. Mausi behält lange und wacker ihre Wackelzähne, ohne daran herumzuwackeln. Und eines Tages, als man dann vom Wandern heimkommt, setzt sich Mausi vor die Tür, und da fällt ihr ein erstes Wackelzähnchen in die Hände. Mausi ist ganz aufgeregt und gibt den Schatz in ein kleines Glas.

Wenige Tage danach ist Mausi auf dem Spielplatz und schwingt in der Netzschaukel.

Da läuft Mausi zur Mama Gämsi: "Ich hab meinen Wackelzahn verloren!" Das Zähnchen ist im Schotter nicht zu finden, aber Mausi grinst bald wieder.

Hunger

Dachs und Maus sind in der Schule. Da geht Dachs zur Maus beim Bus und fragt ganz lieb: "Maus, hast du noch was zu essen?"

Mausi kramt in ihrer Jausenschachtel, doch es ist alles leer, sie will den verhungerten Dachs so gerne füttern. Da kommt es gerade recht, dass zu Hause schon der Leberkäse im Backrohr dampft. Davon isst Dächschen gleich 3 1/2 Scheiben und Mausi fragt: "Mama, gibst du mir bei der nächsten Jause, noch einen Extrariegel für den Dachs mit?"

Leberkäse und Drachensteigen

Frisch gefüllt mit Leberkäse ist man wieder voller Energie.

"Gehen wir Drachensteigen?", fragt Gämsi.

"Jaaaaaaaa!", ruft der Dachs und holt Flappi und Euli von Dachboden.

Draußen weht ein zartes Lüftlein, genau richtig. Dachs und Maus sausen auf die Wiesen, und schon fliegt Flappi und steigt und steigt.

"100 Meter hoch!" ruft Mausi freudig, als sie die ganze Schnur abgewickelt hat. Dachsis Euli steigt auch hoch, doch sie will noch weiter und verschwindet Richtung Straße.

"Mist, die Schnur hat sich gelöst!"

Dachs saust Euli hinterher, Gämsi schnappt die Schnur. Die schlimme Euli wird gerade noch eingefangen. Inzwischen benimmt sich Flappi daneben und steuert zielstrebig auf eine Weide zu, und "Flapp" schon hängt sie in den Zweigen.

"Mist!"

Doch Gämsi hüpft über den Bach, löst Flappis Schnur, und Maus zieht die Schnur ein. Flappi ist gerettet und steigt schon wieder und steigt und steigt.

Oma Nilpferd ist da!

Oma Nilpferd ist da! Es wird Kuchen gegessen und dazu gibt es natürlich ein Schlagobers. Wusch, macht der Schlagobersautomat, und auf Omas Teller ist ein schneebedeckter Mount Everest.

"Bitte noch ein Stück!" ruft Oma freudig.

Gämsi schwingt die Tortenschaufel und der Kuchen landet verkehrt auf dem Tisch.

Anita ist da, und man spielt Mensch ärgere Dich nicht! Mausi aber ärgert sich, und das sehr, und jedes Mal, wenn sie sich ärgert, kreischt sie wie am Spieß. Da will auch Anita nicht mehr bleiben und steht schon bei der Tür.

Dem braven Dachs zuliebe gibt es dann doch noch eine Runde, aber ohne Maus!

Am nächsten Tag ist das Mausi wieder lieb. Denn es wird gewandert, und Mausi kümmert sich liebevoll um Oma Nilpferd. Da wird die Oma an der Hand geführt, und beim Sammeln so mancher Dinge, Steine und Muscheln, bekommt Oma von Maus die schönsten Stücke bis das obere Fach vom Rucksack schon ganz voll ist.

Mausi versteckt ihre Sachen sogar links oder rechts und lässt Oma raten.

Dachs ist emsig und hält am Abend noch einen Vortrag über die Bäume von zu Hause bis hinauf auf den Berg, das ist spannend, und alle fragen viel. Dann stricken Dachs und Maus noch eine Runde.

Der Federball

Dachs hat Federball entdeckt, und wenn Dachs etwas entdeckt, dann bleibt er hartnäckig dran und übt und übt. Nur der mäßige Wind kommt ihm in die Quere. Gämsi, noch ein wenig träge, rafft sich auf, und schön wird hin und her gespielt.

Und Oma Nilpferd spielt mit Maus.

Das Biotop

Einmal wird auch das große Biotop besucht, und da sieht es seltsam aus. Nicht nur, dass das Biotop recht leer ist, es ist ja ach so trocken, Dachs bemerkt erstaunt, dass der Wind die trockene Erde vom Nachbaracker herbeigeweht hat. Da geht man wie auf Dünen.

Nach der Dünenwanderung geht man nach Haus.

Da entdecken Dachs und Maus die Siloballen. Schnell sind sie oben und jagen sich gegenseitig. Maus führt zwar lauter Regeln ein, die Dachs ordentlich nerven, aber trotzdem sieht das Ganze lustig aus.

Zu Hause gibt es ein Maus-stricktrara, denn Maus ist momentan leicht empfindlich, und außerdem hört sie nicht zu, auch wenn man ihr was Gutes tun will. Also gibt es Geschrei.

Aber am Abend, wenn das engelhafte Mausi im Bettchen schläft und Dachs Dachsträume träumt, ist alles ruhig, oder fast, denn plötzlich spricht Mausi im Schlaf: "Ja, Oma!" Ganz ruhig einfach so, und schläft weiter.

Von Alexander Stahlhacke

Wenn die Winde kräftig brausen,
dir dabei die Haar' zerzausen,
dass diese stehen hie' und da,
die Frisur anders ist, als sie vorher war,
dann machen wir uns den Wind zu eigen
und lassen uns're Drachen steigen.
Vielleicht kommt sogar eine Bö
und treibt sie noch mehr in die Höh'.
Der Wind bläst stark, lässt meinen Drachen
in eines Baumes Zweige krachen.
Dort hängt er fest
im dem Geäst!
Kommt wohl nicht so schnell runter.
Ich blicke hoch und schau ihn an,
denn ich, ich stehe drunter.
ich lasse ihn da oben.
Bis morgen ist er dort bestimmt
gut aufgehoben.
So zwischen all den Ästen,
ich glaub' das wär am besten.

Der Geburtstag der Lehrerin

Maus steigt aus dem Bus und hält eine dicke Alufolie in der Hand. Da ist Gämsi aber neugierig. Mausi lüftet das Geheimnis, und drinnen ist ein Schokotörtchen mit 60 drauf, denn die Maus-Lehrerin hat den 60. Geburtstag und hat 22 Törtchen gebacken. Mausi war brav und hat das Törtchen nicht in der Schule gegessen, sondern mitgenommen.

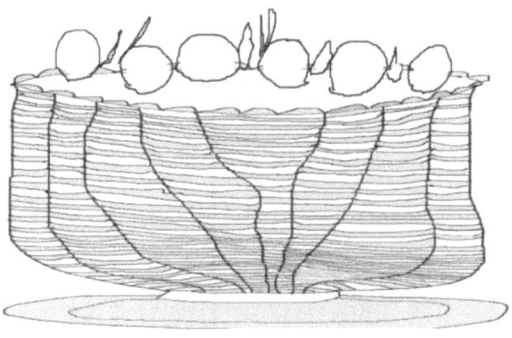

Zu Hause feiert Mausi dann ihren 60. Geburtstag. Danach häkelt Maus zwei Schmetterlinge: einen für die Lehrerin und einen für ihre Freundin, die am nächsten Tag 7 wird. Da malt sie auch noch zwei Bilder, die genau gleich aussehen.

Drachen aus Laubsäge von Maus

Dachs schreibt vor:
Alles Gute zum...Geburtstag.

Mausi schreibt es hinter's Bild, einmal mit 7, einmal mit 60.

Ob Mausi am nächsten Tag alles richtig verschenkt?

Alle sind krank

Alle sind krank und zu Hause, doch niemand liegt auf der faulen Haut. Dachs werkt an der wunderschönen Zeichnung, die er schon vor Wochen für Maus begonnen hatte.

Die ist so detailliert, da gibt es eine Erle, ein Biotop, sogar einen Parasol, der aussieht wie echt, einen Frosch, viele Blumen, Schilf, Weiden, die auch aussehen wie echt, der Himmel ist blau und weiß geschimmert.

Nicht nur Dachs ist auf die Zeichnung stolz. Also, das Kunstwerk gehört ja Maus, aber zuerst wird es foliert, und dann bleibt es einmal beim Dachs, denn Maus soll das Kunswerk ja schätzen, meint Dachs richtig und hängt das lieber Dachs-Gesundwerd-Briefchen von Maus an seinen Kasten.

Und Maus ist auch nicht faul, denn sie murmelt in ihrem Zimmer, keine Zaubersprüche, sondern Sätze für eine Mausgeschichte natürlich, und immer wieder ruft sie:

"Mama, nimmt schreibt man mit doppel m!"

Als die Mausgeschichte dann mehrere Seiten lang ist, darf man sie bewundern. Die Geschichte ist wunderschön, und da kommt dann sogar noch ein Dachs vor. Es gibt auch echt fast keine Fehler, außer vielleicht sit statt sieht, aber mit der Korrekturmaus geht das weg wie nix. Als Gämsi dann noch das ser mit stummen h haben möchte, wird es Maus zuviel, sie bedauert die Korrekturmaus und macht ein kleines Trara.

Das dauert aber nur so lange, bis Papa Bär sie durch's Haus jagt. Mit der Mausgeschichte ist dann einmal Pause, schade, die ist so spannend. Dafür macht Maus mit Mama Gämsi einen Drachen, eigentlich zeichnet Gämsi nur die Bauteile, Mausi überträgt es auf das Holz, sägt alleine im Keller und malt alles an. Dann werden Löcher gebohrt.

Maus ist gefasst, als Drache Süßi (wie Maus ihn nennt) nicht mit den Flügeln schlägt, doch Bär weiß Rat, und mit der Gummischnur gelingt es doch, und schon schwebt Süßi über dem Esstisch. Da bleibt er aber nicht lange, denn es besteht die ständige Gefahr, dass Mausi ihre Suppe/Saft ausschüttet, da man ja Süßi an der Schnur ziehen will.

Also kommt Süßi ins Mauszimmer, und da hängt er über dem Bett. Ob dann morgen das Dachskunstwerk dazu kommt, wird man sehen.

Oma Nilpferd ist im Blauhaus

Oma Nilpferd ist im Blauhaus, und natüüüüüüürlich muss Dachs ihr seine schöne Sammlung zeigen. Dachs richtet das Mikroskop her und erzählt soo schön, aber Oma ist auch ausdauernd und wird mit Geschenken belohnt.

Am nächsten Tag ist es schön sonnig, da machen Gämsi, Dachs, Maus und Oma einen Ausflug an den Weingärten vorbei.

Oma geht brav, und Maus trägt ein Omabrav in die Omaliste ein.

Taschengeld

Gämsi bekommt von Maus 10 Euro von ihrem Taschengeld, denn sie soll dafür einen Drachen kaufen.

Inzwischen sind Dachs und Maus ganz, ganz brav. Maus isst richtig brav ihr Frühstück, und obwohl sie den Honigtopf ausschlecken darf, kleben weder ihre Arme noch die Tischdecke.

Danach wird weder Dachs provoziert, noch Maus verdroschen, nein, in wunderbarer Freundschaft bauen Dachs und Maus ein schönes Legokrankenhaus.

Selbst gefertigtes Schwert

Dann sitzen Dachs und Maus nebeneinander auf dem Sofa. Während Dachs mit der Strickliesl eine ewig lange Seilbahn strickt, macht Maus ein Nähbild für den Papa und ein Bild für Oma.

"Ach, ist das brav!", denkt Gämsi, als sie vom Einkauf kommt. Da wurde ein Papagei-Drache für Maus gekauft, und ein Eulendrache für Dachs. Dachs nennt seinen Drachen "Euli", und Maus nennt ihren nur kurz "Papa" oder "Papi".

Jedenfalls fliegen Euli und Papi wunderbar trotz Windstille, und Dachs und Maus haben wunderbar rote Wangen. Gämsi darf auch einmal mit Euli und Papi   herumlaufen.

Geschenk von Mausi für Oma

Dachs und Maus sind bei Oma

Bär erzählt der Maus: "In der Eiszeit gab es Riesenfische." Maus fragt: "Hat es die noch gegeben, als du ein Kind warst?" Mit Oma Nilpferd und Onklodil gibt es eine Urlaubswoche. Da will die resolute Maus doch glatt mit dem Onklodil im Auto fahren. Dachs genießt "die Ruhe!!", und Gämsi freut sich, als Maus im Prinzessinenkleid samt Schleier die Türe öffnet.

Beim Wandern bekommt man blaue Zungen, zumindest wenn man so viele Heidelbeeren isst wie Maus und Onklodil. Trotz Trockenheit kommt der Regen, und das heftig.

Und danach leuchten sie im Wald, die gelben Eierschwammerl und sogar ein paar Steinpilze. Onklodil und Dachs schwitzen wie die Wilden beim Sammeln im steilen Pilzwald. Da gibt es eine wunderbare Eierspeise mit Eierschwammerl, und in der Früh gebratene Steinpilze, und Onklodil nimmt endlos Maronenröhrlinge mit zum Trocknen.

Mit Oma gibt es einen gepflegten Ausflug in den Museumsturm der Ritterburg, das geht immer höher hinauf, und wie gut, dass man drinnen ist, denn plötzlich geht das ärgste Sturmgewitter los, das Dachs und Maus je gesehen haben.

Onklodil hebt das Mäuschen hoch.

Und Mäuschen steigt auf und nieder und ruft erfreut: "Ich gehe in der Luft!"

Halloween

An Halloween darf man herumgeistern, zumindest die Maus. Maus schlüpft in ein Leintuch von Oma und geistert als Maus durch's Haus.
Onklodil fürchtet sich schrecklich und gibt dem Geist zur Besänftigung eine 300 Gramm Packung Schokobananen.

"Aber mit dem Dachs teilen!!", wird dem munteren Geist noch mitgeteilt.

Wo ist Gämse?

Dachs und Maus kommen von der Schule, und da kommen sie mit dem Bus.

Heute ist ein langer Tag, das weiß die Gämsi. Da kommen sie ja erst um eins. Wann kommt der Bus doch gleich noch immer? Ach ja, um fünf nach.

Gämsi wandert gemütlich zur Busstation und denkt, sie sei zu früh.

Da warten eng nebeneinander zwei ganz liebe Dachse und Mäuse vor dem Spielplatz, denn Mama Gämsi hat sie versetzt, denn der späte Bus kommt um zehn vor.

"Maus hat sich schon gefürchtet", meint der Dachs. "Und ich habe ein Riesenloch auf dem Spielplatz gebaggert", meint er weiter.

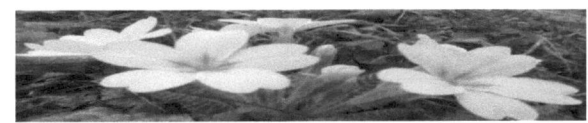

Der Schulbus

Dachs und Maus kommen aus dem Schulbus, Maus ausnahmsweise leicht grummelig. Dass sie das überhaupt kann.

Dachs ruft: "Ich habe mich soo geniert!"

Gämsi denkt sich schon: "Um Gottes willen, ein Vorfall im Bus!"

Dachs erzählt, während Maus schmollt: "Die Direktorin hat mich gefragt: 'Ist deine Schwester zu Hause auch so schlimm?'"

Gämsi sieht Mausi fragend an und geht mit ihr gemütlich nach Hause, aber Mausi rückt mit der Geschichte nicht heraus.

Als Papa Bär am Mittagstisch auch noch nachfragt, meint Mausi nur lieb: "Ich erzähl's nicht, denn wenn ich es jetzt erzähle, schimpfst du, und wenn ich es erzähle, wenn ich 7 bin (jetzt ist das Mausi 6 1/2), dann schimpft ihr nicht mehr."

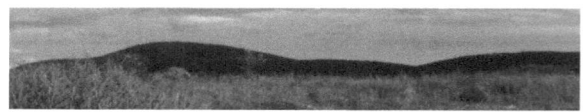

Ja, und so war es dann auch. Ob sich Mausi noch an die Geschichte erinnert, wenn sie dann 7 ist, weiß man nicht.

Beim Holzspalten.

Dachsi ist fleißig, er hilft dem Papa Bär beim Holzspalten. Besonders freut ihn, dass er da hacken kann. Wenn er dann so einen Holzscheit gehackt hat, quiekt er vor Freude.

Ganz offensichtlich findet das eine Dame auch äußerst nett, denn sie bleibt auf der Straße stehen und kauft dem Dachs für 10 Euro zwei Holzscheite als Deko ab. "Na sowas!" meinen da der Bär und Dachs.

Wachsigeschichte

Mausi bastelt mit ihrer Ohrenwolle, so nennt sie die Watte, denn wenn Mausi ein Wort nicht einfällt, dann umschreibt sie es gleich ganz schön. Schließlich ist es aber Bettgehzeit.

Da erzählt Mausi Mama noch so eine schöne Wachsigeschichte (Wachsi das ist das kleine graue Wollnagetier von der Maus).

"Und Wachsi hat Bongobongs gebacken für die kleine Maus (deren Name habe ich vergessen), und sie essen ganz viele Bongobongs."

Wachsi gibt dann auch noch Schwimmunterricht, und die 7. Folge der Geschichte kommt dann erst am nächsten Abend.

Dachs, Maus und Gämsi gehen wandern

Dachs, Maus und Gämsi gehen wandern, ausnahmsweise ohne Bär, doch man findet sich zurecht, jausnet fein, findet ein paar schöne Steine und geht schon wieder zurück. Da bleibt Dachs in der Wiese stehen und meint ganz ruhig: "Das ist ein Riesenbovist!" Und tatsächlich, das ist ein Riesenbovist. Der wird vorsichtig abgeschnitten, vorsichtig zum Auto getragen und als Schnitzelchen heraus-gebraten, njam, njam.

Fußballspielen im Zimmer

Abends kann man mit Dachsi so schön Fußball spielen, im Zimmer.

Das geht so: Man setze sich gespreizt hin und nehme den Flummi in die Hand und eine Fliegenklatsche. Mit der Klatsche schleudert man den Flummi quer durch's Zimmer. Das ist ganz lustig, nur dann nicht, wenn der Flummi unter Dachs Bett rollt, wo man so schwer hinkommt. Da muss man eine Barrikade bauen, und weiter geht's. Dann gibt es noch zwei Tore für den Flummi, wo der durchrollen muss.

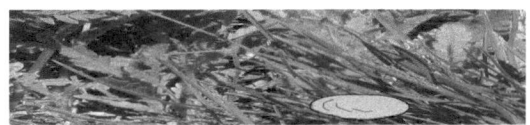

Mausi ist inzwischen ganz brav und baut in ihrem Zimmer ein 8-Gleis für ihren Zug mit schöner Brücke und Bahnhofshäusern.

In den Ferien

In den Ferien geht es mit Papa Bär und Onklodil auf einen richtig hohen Berg. Dachs und Maus wandern ja sooo brav und alle freuen sich auf die Jause.

Nach der guten Jause (Papa-Semmeln mit Schwarzwälder Schinken, Käse und die gute Extrapikantwurst) muss man über einen Grat, der doch ausgesetzt ist (an ein paar Stellen) und auch vereist (an ein paar Stellen).

Maus geht mit Papa, dann Gämsi, dann Dachs, dann Onkel. Schon tönt das Gämsi: "Dachs, halte dich links bei den Latschen", 20 Sekunden später: "Dachs du musst vorsichtig gehen, da ist es eisig, links halten!" Weitere 20 Sekunden später: "Dachs, da pass du auf und an den Latschen anhalten!"

Naja, jedenfalls meint Onklodil am Ende, dass der gutmütige Dachs fast explodiert wäre und eh soooo brav war. Naja, das ängstliche Gämsi halt.

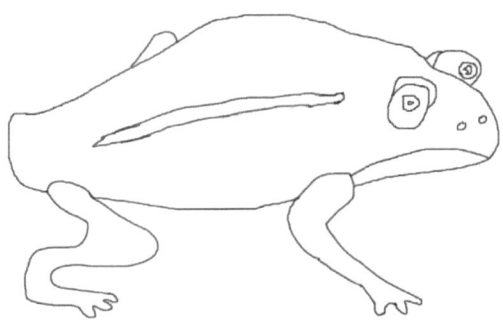

Dachs und Maus wandern

Dachs und Maus sind wandern, und die kleinen Beinchen wandern so fleißig und so schnell, aber noch schneller sind ..."Gämsen!"

"Gämsen!" ruft das Mausi aufgeregt und zeigt auf die erste Gämse. Hinter der großen Mama läuft die kleine Gämse ganz schnell bergab.

"Mama, Gämsen sind deine Lieblingstiere, stimmt's?"

Mama Gämsi grinst.

Abends sammeln Dachs und Maus fleißig trockene Stöckchen, um den Griller von Freunden in Gang zu bringen.

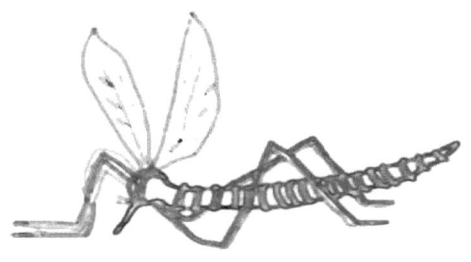

Dann gibt's noch ein gutes Essen und alle sind müüde. Mausi schläft schon auf Papa Bärs Schoß ein und Dachs im Wohnanhänger.

Als Dachs und Maus friedlich schlafen, geht Gämsi noch zu den Anderen. Da steht ganz leise etwas hinter dem Sessel: ein wunderschöner, oranger Fuchs mit dichtem Schwanz.

"Schade, dass Maus nicht da ist." denkt Gämsi und beobachtet den Fuchs, wie er zum Fluss verschwindet.

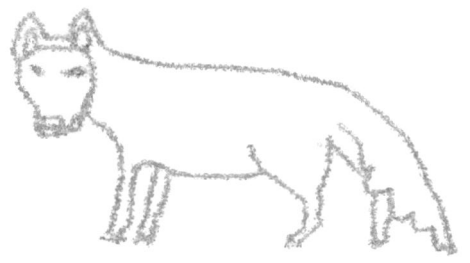

Am nächsten Tag wird wieder gewandert, und Mausi hat einen Wackelzahn, und nicht irgendeinen, sondern den Schneidezahn oben in der Mitte. Bis zum Abend steht der Wackelzahn schon ganz schief, und das kleine Mäuschen sieht so süß aus. Da isst sie eine weiche Leberknödelsuppe.

Mausi ist gurrig und sagt: "Weau!" bis zu dem Moment, da sich Dachs freudig mit dem befreundeten Mädchen spielt, und Mama Gämsi sich erdreistet mitzumachen.

Mausi haut auf dem Tisch und tobt, da kann man das kleine Mäuschen nur noch hinaustragen. Draußen kommt Bär zu Hilfe, doch Mäuschen tobt. Nach einem Ringkampft fällt das Zähnchen heraus, Mausi schaut, Gämsi lobt den Zahn, und Mausi macht wieder: "Weeeau!"

Alle gehen hinein, und es wird der Zahn bewundert.

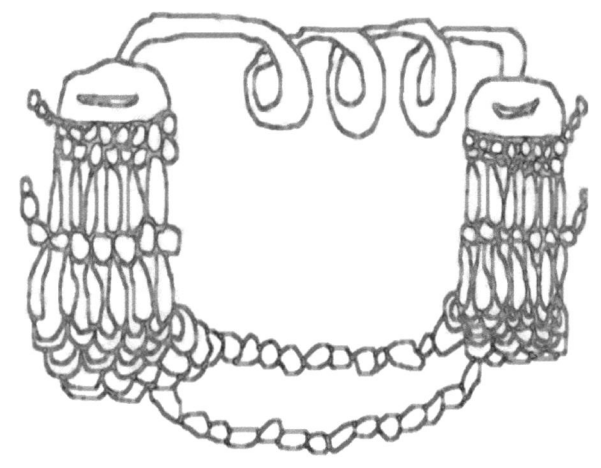

Von Alexander Stahlhacke

Wackel, wackel, Zähnchen,
du bist mir ein Problemchen.
Auf dir kann ich gar nichts mehr
kauen.
Ich zieh dich jetzt, auf
Wiederschauen.
Ein Ruck, schon halte ich den
Saboteur
Das Kauen war ihm doch zu schwer.

Ihn wegzuwerfen fänd' ich schade
drum kommt er in meine Schublade,
wo schon die andren Zähne liegen.

Da tritt Brüderchen Dachs heran,
sieht die rausgefallenen Zähne an
und sagt dann:
„Damit sie dir nicht gehen verloren,
lass Oma Löcher in die Zähne
bohren.
Durch diese kommt dann nur
noch eine braungefärbte Schnur,
und du hast eine supernette,
detailgetreue Indianerkette.
Nächstes Fasching gehst du dann
als eine Indianerfrau."
„Mit dem Namen Perle im
Morgentau."
„Und ich gehe als Häuptling und
dein Boss
und du musst tun, was ich dir sage."
„Das kommt auf keinen Fall in
Frage!"

Drei gehäkelte Mäuse, sie heißen Mauri,
Nussi und Piepsi, und Wachsi

Es ist Ostern

Es ist Ostern, man ist endlich wieder mal gesund bis auf
den armen Dachs, der sich noch
eine Krankheit eingeholt hat.
Dächschen isst nix und trinkt
wenig, und alles sorgt sich, denn
schließlich ist man in Slowenien.

Es ist aber gemütlich, mit Dächschen im Bett, Karten zu spielen. Papa Bär füttert Dachs mit Zuckertee, und dann geht's besser. Als dann noch ein Zwieback rutscht, ist die Welt gerettet.

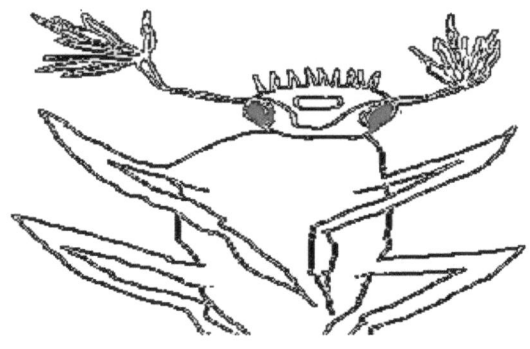

Der nächste Zwieback hat dann schon einen Honig drauf, und Gämsi und Dachs spielen lustig Karten. Da muss das Gämsi beim UNO zweimal 16 Karten abheben!
So was!

Am Abend geht Gämsi dann alleine mit der Maus ins örtliche Gasthaus. Mäuschen sieht ganz hübsch aus mit ihren beiden Zöpfen.

Mausi und Gämsi bestellen gemischten Salat und Spinatstrudel, zwei Mal. Es kommen zwei Mal gemischter Salat und zwei Mal Spinat. Da schaut das Gämsi zuerst entsetzt, bestellt dann kurzerhand noch Spinatstrudel hinzu, und alles schmeckt bestens. Mausi isst wunderschön und patzt gar nicht.

Das Bild hat Dachs für Maus gemalt

"Mama, du hast gepatzt!", meint Mausi dann beim Heidel-beerpannacotta. Tatsächlich - ein blauer Fleck auf dem Tisch.

Am Nebentisch sitzen eine italienische Dame und ihr Mann, die immer wieder entzückt zur Maus blicken. Die Dame nähert sich und meint: "Molto bella!" mit Blick auf Maus und wendet sich zum Gehen.

"Ciao" ruft ihr Mäuschen leise nach. Beide drehen sich entzückt um, und der Herr versucht ein holpriges: "Auf Wiedersehen".

Die "molto bella Maus" geht aber zum Papa und schaut noch dick und doof.

Zum ersten Mal am Meer

Dachs geht es besser, und zum Trost fahren die Dachse und Mäuse zumersten Mal ans.... Meeeeer! Natürlich nicht zum Baden, es ist ja erst Ostern.

Dort angekommen, findet man nicht nur schöne Muscheln und Schnecken, sondern auch endlos Quallen, vertrocknete und hübsche, im Hafen schwimmend.

Da sind sogar Röhren-würmer. Während Dachs und Gämsi die Röhrenwürmer bewundern, gönnt sich Maus ein erstes Eis, aaah, das ist Urlaub!

Und am Abend werden noch die Schafe gefüttert, zumindest von der Maus. Maus klettert über die benachbarte Steinmauer, verschwindet fünf Minuten und kommt mit einem Büschel Gras wieder, das an die Schafe verfüttert wird.

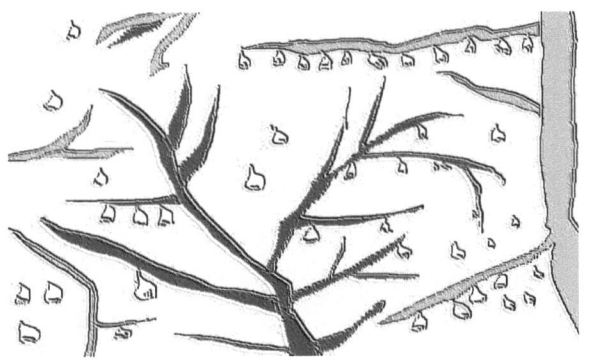

Im Bett bei Papa Bär

Abends schläft Dachsi beim Papa Bär, er ist ja arm und braucht eine Ruhe, das Huhn von Maus bleibt bei Mama Gämsi. Da sind aber viele Mäuse: Wachsi, Mauri, Nussi, Piepsi und Maus kuscheln alle in einem Bett. Einmal wandert Maus zur Gämsi hinüber in der Nacht, da hat Gämsi Mausis Fuß in der Hand und kennt sich erst einmal gar nicht aus.

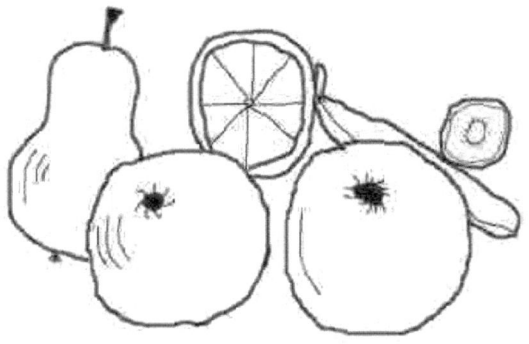

Schafe füttern

Da es Dachs schon viel besser geht, darf er am Vormittag auch Schafe füttern; er klettert über den Zaun, holt ein Büschel Gras und die Schafe freuen sich. Am Abend will Dachs aber unbedingt ins Gasthaus, und da darf er auch hin; und zur Nachspeise gibt es Pannacotta mit Heidelbeeren.

Abends schläft aber Mausi beim Gämsi, und da paddeln Wachsi, Mauri, Nussi, Piepsi im Meer. Sie müssen nur den vielen Quallen ausweichen, aber es sind ja vier schlaue Mäuse, fast so schlau wie die Maus. Und nach dem Schlafen gibt es in der Früh den 7-Schichtenkuchen.

Der Urlaub ist vorbei

Der Urlaub ist vorbei, ach, könnte er nur längern dauern. Zum Trostfährt man in die Therme und geht schwimmen.

Oder doch nicht, denn Dachs und Maus machen eine Rolle vom Becken und lassen sich ins Wasser kugeln.

Dann werden Lucky Horse und Kroko aufgetaucht, und es wird geschnorchelt, dass sich Maus fünf Mal ordentlich verschluckt und Papa Bär Angst hat, dass das Essen im Wasser landet. Jedenfalls haben Dachs und Maus einen großen Spaß.

Oma Nilpferd

Eine Woche später ist Oma Nilpferd da, und wieder geht es in die Therme. Es wird geschwommen, gerollt, getaucht und Maus hat eine Meerjungfrauenflosse, die von vielen Leuten bewundert wird. Ein kleiner Bub darf ihr sogar das Lucky Horse werfen. Oma gefällt es im Whirlpool am besten, und Dachs kann schon die Breite des Beckens durchtauchen.

Alles fein also, nur nach dem Baden ist der Schranken von der Parkgarage versperrt, und er öffnet sich nicht. Da bildet sich schon eine lange entnervte Schlange. Der Polizist von Notruf ist nicht viel Hilfe, da plötzlich geht der Schranken auf, aber nur für die Dachse und Mäuse, die Autos dahinter müssen weiter warten.

Das Referat der Maus

Maus malt mit Oma ein großes Tierplakat, das soll sie in der Schule davon erzählen. Oma malt ein Hundsi, ein Schweinchen, und Maus malt sie an. Nach einigen Diskussionen entsteht tatsächlich ein nettes Poster.

Doch Maus will noch nicht so richtig vortragen, oje, hat das Gämsi in der Schule zuviel versprochen?

Referat über die Erdgeschichte
Dafür erzählt Dachs von der Erdgeschichte, und er kennt auch alle Zeiten auswendig, das weiß er von seinem schönen Plakat. Das erzählt er Gämsi und Oma am Weg zum Biotop und am Weg ums Biotop und am Weg vom Biotop gleich 20 Mal und noch Mal im Auto für den Papa Bär.

Alle gehen in den Garten

Es ist schön und alle gehen in den Garten, denn schließlich will man für den Urlaub braun werden. Dachs hat sein Taschenmesser und schnitzt Speere, ganz schön spitz. Maus kocht einen leckeren Gartenpudding, der nach drei Tagen so stinkt, dass keiner das Mörtelschaffel mehr angreifen will.

Sie macht dann ein Trara, denn die Wasserpistole hat sich zerlegt und schießt nicht mehr. So was! - Da muss man schon ein bisschen herumplärren dürfen.

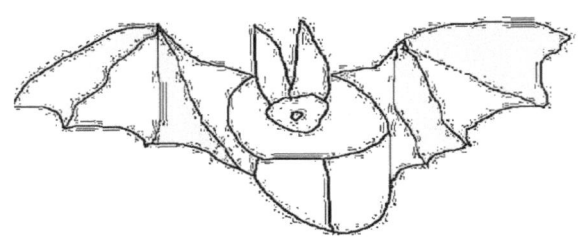

Oma Nilpferd ist zu Besuch

Oma Nilpferd ist zu Besuch und erklärt im Garten das Stricken, sogar Maus' Freundin ist dabei, und alles ist friedlich. Maus ist sehr geschickt und strickt munter darauf los, Oma schaut groß und meint begeistert:

"Maus, du strickst ja verkehrt!"–

Maus verfällt, lässt ihre Strickerei fallen, und schon gibt's ein Maustrara, denn verkehrt ist verkehrt! *(zwei glatt, zwei verkehrt)*

Auf der Donau ist es schön

Auf der Donau ist es schön, oder besser beim Paddeln in den Donauauen: Da gibt es Schwäne, die davonfliegen, ein Reh und quakende Frösche und natürlich Schlamm.

Da sind zwei nette Mädchen im Mäusealter, die entdecken, dass man so herrliche Schlammpackungen machen kann.

Maus ist da gleich dabei, und es dauert nicht lange, da gibt es drei wundervolle Schlammprinzessinnen.

Maus allein zu Haus.

Maus ist krank, und Dachs geht Fahrradfahren mit Bekannten, das ist fein und schön und dauert ganz schön lang.

Maus ist allein zu Haus, aber Maus ist brav. Gämsi und Dachs kommen zurück, da hat Maus eine Schnitzeljagd vorbereitet mit liebevollen Hinweisen, und davon sechs Stück, alle bestens versteckt. Mama Gämsi sucht und sucht, und am Ende wartet gut versteckt im Kleiderkasten der liebste aller Mamabriefe.

Doch Gämsi packt den Brief nicht ein, alles wird wieder versteckt, und Dachs ist an der Reihe. Auch Dachs gelangt gut ans Ziel, obwohl diesmal zwei Schnitzel vertauscht waren.

Da wird alles ein drittes Mal versteckt, damit Papa Bär auch noch suchen darf. Das macht er dann auch, aber erst am nächsten Tag.

Es wird eisgelaufen

Es wird eisgelaufen, und Dachs düst, Mausi anfangs auch; hätte Gämsi nur nicht erwähnt, dass sie so oder so fahren sollte, sonst wird das nix.

Mausi ist beleidigt, und noch mehr als sie die Jugendlichen an ihr vorbeizischen sieht. Wacker versucht Mausi das in rasantem Tempo zu kopieren, und das gelingt sogar, aber nur vier oder fünf Kufenwechsel, dann landet Mausi auf dem Allerwertesten. Es macht es auch nicht besser, als Mausis Freundin kommt und Dachs gleich mit ihr eine schöne Runde fährt. Mausi schmollt und zwar ordentlich, aber Dachs nimmt sie lieb an der Hand und fährt mit ihr. Das hilft, und zum Schluss nach einer Buchtelpause, ist die Schmollerei vorbei.

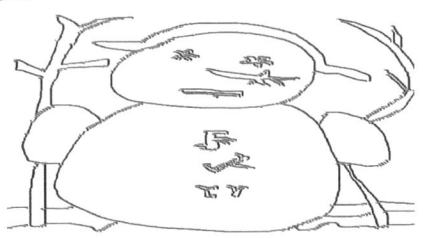

Dachs und Maus am Campingplatz

Dachs und Maus sind am Campingplatz am Fluss, und da gibt es zwei liebe Ponys, ein schneeweißes und ein braunes. Maus kriecht gleich am ersten Tag unter den Zaun und streichelt das braune Pony. Ja, und am Sanstag gibt es Ponyreiten. Gämsi überredet Dächschen, auch mitzukommen.

Ponys

Dachs ist ganz lieb und sagt kein einziges Mal "Leberkäse".

Anfangs werden die Ponys geputzt und gestriegelt, gestreichelt und dann darf man aufsitzen. Die Runde ist nicht kurz, sondern ganz schön lang, und sogar Dachsi grinst wie ein Hutschpferd.

Zurück darf Dachs Maus ihr Pony führen, weil ein anderer Bub an die Reihe kommt.

"Au, das Pony ist mir auf den Fuß gestiegen!" quakt das Dächschen, aber dann passt alles.

Dachs ist krank

Dachs ist krank, das macht aber nichts, da kann man um so besser Kartenspielen und 4 gewinnt spielen. Dachs spielt mit Onklodil. So vertieft sind die beiden, dass ihnen gar nicht auffällt, wenn schon einer gewonnen hat. Dampfis muss der Dachs auch machen. Natürlich meint das Dächschen: "Papa macht das viel besser!", als Papa Bärli geduldig mit Dachsi das erste Dampfi vorbereitet. Bei den vielen folgenden Dampfis liest das Gämsi von der Erdgeschichte vor, denn das liebt der Dachs. Dachs bereitet ein riesiges Erdgeschichteplakat vor. Er will in der Schule ein Referat machen. Er kann alle Zeiten auswendig und sie auch beschreiben.

Das tut er sehr spannend. Ganz entspannt sitzt Dachs vor seinem riesigen Plakat und zeichnet und schreibt in Riesenschrift.

Wums! Krach!

"Wums! Krach!" da landen alle Bausteine wieder einmal auf der Spieledecke. Mausi ist nicht faul und holt Wachsi, ihre zwei gehäkelten Mäuse, die gestrickte Maus, die rote und die gelbe Maus und die aufziehbare Maus vom Zimmer herunter. Dann wird ein Krankenhaus für die Mäuse gebaut. Dachs macht den größten Bau aller Zeiten, sogar mit einem eigenen Lift.

Mausi muss zum Augenarzt

Mausi muss zum Augenarzt, denn man muss ja schauen, ob Maus keine Brille braucht. Mausi will aber keine Brille, und Dachs ärgert sie schon beim Frühstück: "Mausi, wann bekommst du denn deine neue Brille!"

Gämsi meint dann: "Wenn es sein muss, kriegst du eine Brille mit Mäusen."

Beim Augenarzt macht Mausi einen Schwanenhals, um ja die Buchstaben zu erkennen.

Schon ist ein Buchstabe falsch, Mausi schaut verzweifelt und streckt den Hals noch länger. Dann meint der Arzt: "Leider bekommst du keine Brille."

Mausi überlegt eine Sekunde und strahlt, und beim Nachhausefahren erzählt sie dem Gämsi, wie froh sie ist, dass sie keine Brille braucht.

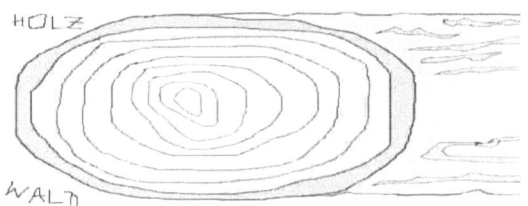

Mausi hilft den Mäusen

Mausi ist eine Maus und hilft den Mäusen. Maus zieht sich ihr hellblaues Dirndlkleid an, und darauf hat sie ihr Abzeichen, da schaut Gämsi aber, denn da sind zwei Mäuse, und es steht "Mäuseretter" drauf.

Hinten ist das Bild mit der Blume, dem Himmel und dem Opi. Am Abend erzählt die Mäuserettermaus dann die Geschichte von Wachsi und dem Einhorn, das ist ganz schön aufregend.

Maus erzählt: "Da sind viele kleine Einhörner, so groß wie meine Hand und ein Babyeinhorn, so groß wie mein Daumen, oi ist das süüüüüüß. Wachsi nimmt dann eine Einhornmama, einen Einhornpapa und das Babyeinhorn mit. Die anderen Einhörner bleiben im Einhornwald."

Wieder auf der Donau

Dachs und Maus fahren wieder auf der Donau, und wer fürchtet sich vor den großen Wellen? - Nur das Gämsi, aber was heißt fürchten? - Gämsi flucht nur ein bisschen zum Gaudium von Dachs und Maus. Mausi schwimmt fröhlich, aber da schwimmt noch wer: eine 1 m lange, fette Ringelnatter. Am Sandstrand steht Dachs schon ganz daneben, und Gämsi meint nervös: "Dachs, halt einen Abstand!" bevor Frau Natter sich gemächlich ins Schilf verzieht.

"Mausi, im Schilf laufen wir heute nicht herum!"

Dafür lässt sich Mausi faul im Rettungsring herumziehen und zieht dann ihrerseits den Dachs durchs Wasser. Zum Abschluss wird noch ein wunderschönes Muschelhaus gebaut.

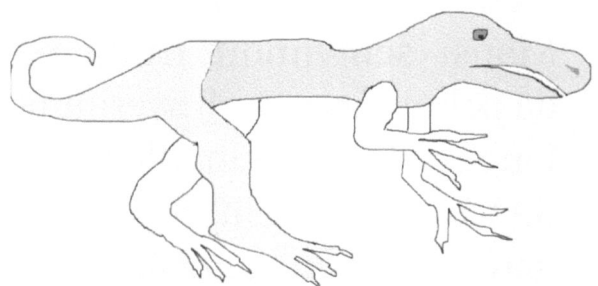

Anita ist zu Besuch

Anita ist zu Besuch und muss gleich mit Dachs 4-Gewinnt spielen. Dachs freut sich wie ein Schneekönig, weil er so oft gewinnt. Doch da hat er etwas übersehen, und schon gibt es von den Roten 4.

Dann bringt Mausi die kleinen hüpfenden Saugnäpfe, und das Gaudium ist perfekt. Die Saugnäpfe werden im Kreis geworfen, und niemand will, dass es bei ihm "Plopp" macht.

Es ist alles so lustig, bis Anita meint: "Wann ist denn bei euch Bettgehzeit?"

Als Gämsi dann sagt: "Um sieben", verfällt Dachs in einen sofortigen Grummel und zieht in sein Zimmer zurück.

Aber Dachsi kommt noch einmal herunter, um Anita von seiner Sammlung ein Geschenk zu geben.

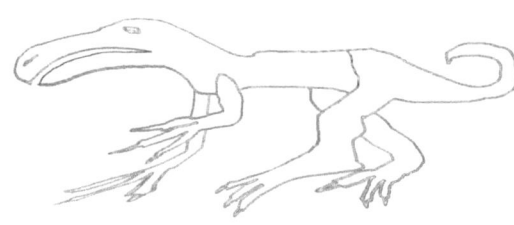

Häkeln

Oma Nilpferd hat das Häkeln gestartet, in aller Unschuld, eigentlich wollte sie ja nur dem Gämsi die Luftmaschen und festen Maschen zeigen und das war's dann. Aber nein, denn Dachs und Maus häkeln wie die Meister und verbreiten überall Häkellaune. Leider ist Mausi dann recht krank, aber trotzdem will sie überall dabei sein und liegt auf dem Sofa und sieht Dachs zu, wie er seine gehäkelte Maus macht. Die graue Maus mit rosa Schnauzi und rosa Schwanz und grauen Ohren wird über den ganzen Nachmittag gehäkelt und sieht ja sooo lieb aus.

Dachs nimmt sie liebevoll ins Bettchen und schaut sie minutenlang an und meint: "Dein Fell war viel Arbeit!"

Gämsi lacht und tätschelt das Kroko, damit es nicht eifersüchtig wird, und am nächsten Tag wird das neue Mausi noch Knopfaugen bekommen.

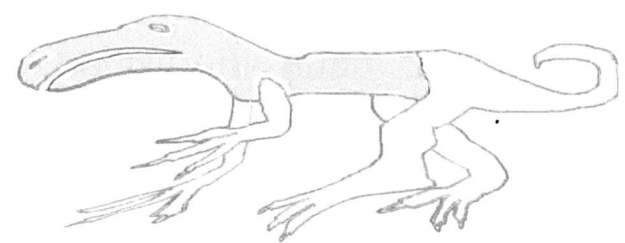

Mausi ist krank

Mausi ist recht krank mit hohem Fieber, da ist das Mausi arm, umsomehr als sie nicht Eislaufen kann. Dachsi versucht Mausi zu trösten, und wie gut, dass sie nächste Woche noch mit der Schule Eislaufen werden.

Dachs und Gämsi fahren, und Dachsi ist ganz aufgeregt und fragt das Gämsi, ob sie 'eh' nix vergessen hat. Gar nicht so leicht bei so viel Zeug. Alles da, trotzdem gibt es ein kleines Hoppla, denn die schon uralte Schnalle bricht, doch der Schuh lässt sich auch mit der halben Schnalle schließen, und Dachsi saust aufs Eis. Dachsi übt das Bremsen, das macht er mit Links, und das Schnellfahren und das Drehen.

Ein Mal nimmt er Gämsi an der Hand und bemerkt: "Mama, du hast ja noch immer meinen gehäkelten Schmetterling!"

Gämsi ist ganz gerührt; da saust Dachs schon wieder voraus, Dachsi ist unermüdlich. Zum Schluss sind alle weg, nur Dachs und Gämsi bleiben auf dem Eis und fahren die letzten 20 Minuten ganz alleine herum, wie schön!

Eislaufen, das ist lustig

Eislaufen, das ist lustig, und außerdem sieht man ja wie eine Prinzessin aus, wenn man so übers Eis gleitet. So zumindest denkt sich das Mäuschen.

Leider landet Mäuschen öfters auf dem Allerwertesten, da hilft es auch nicht, dass sie eifrig die Jugendlichen nachmacht, flotte Schwünge macht, und -"watsch" - muss wieder das Hinterteil herhalten. Mausi sieht nicht ein, dass sie ja gaaanz, ganz schön fährt, für das, dass sie erst ein paar Mal auf dem Eis war, denn, nein, die Anderen können das alle. Dachs fährt schon recht gekonnt, das hilft auch nicht gerade, obwohl sich der liebe Dachs abmüht, dass Mausi sich wohl fühlt. Oh! Da kommt Mausis Freundin, und Mausi fährt erfreut hin, doch Dachs ist da und fragt in aller Unschuld: "Wollen wir eine Runde fahren?" Und weg sind alle zwei.

Mausi zum Papa: "Genau wie letztes Mal!"

Wie gut, dass Papa Bär da ist, um das Mausi zu trösten, nicht nur mit Schokokugeln, sondern mit einer gemütlichen Eislaufrunde. Und danach macht Mausi 'eh' einen Unsinn mit ihrer Freundin, und die Welt ist wieder sonnig.

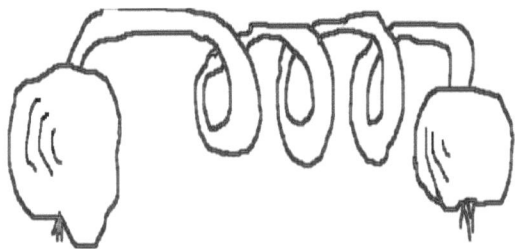

Maus hat ihre Freundin zu Besuch.

Maus hat ihre Freundin zu Besuch. Das Wetter ist schlecht, und man ist im Haus. Das ist ja einmal ganz lustig, aber dann wird einem faaad.

Was kann man da machen?
Dachs ist die Rettung, er liest
vor, denn Lesen muss er sowieso
üben. Gebannt sitzen die zwei
Damen neben ihm und hören
sich das ganze Buch an. Und
nachher geht es ab in den Keller,
wo man sich mit Papierfliegern
beschießen hi- hi- hi- darf.

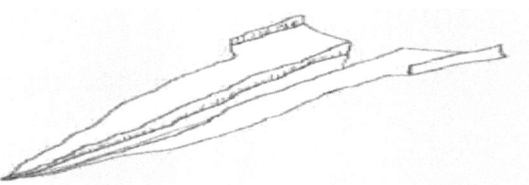

Eines anderen Tages hat
Dachs Besuch, und alles ist sehr
nett, auch das Mäuschen benimmt sich, und es werden male-
rische Kunstwerke geschaffen.
Zum Schluss kommt dann der
Kuchen, doch der Besuch muss
schon gehen, also packt Gämsi
großzügig Kuchenstücke ein.

Dachs verfällt: "Da bleibt für mich nichts übrig!"

Die Mama beschwichtigt, zwei Stücke reichen, und jeder bestätigt, dass Dachs Kuchen-panik einfach wunderbar ist, denn ist es nicht herrlich, wenn Kinder gut und gerne essen?

Es ist endlich einmal kalt

Es ist endlich einmal kalt, und auf geht es zum großen Biotop, da kann man so herrliche Eisschollen herausbrechen und über das Eis schießen, das klingt wunderbar.

Zwischendurch ist dem Mausi und dem Gämsi kalt, da wird getanzt und zwar den Zillertaler Hochzeitsmarsch, da geht es lustig hinauf und wieder herunter.

Zu Hause sitzt man dann mit Papa Bär gemütlich und genüßlich beim duftenden Nachmittagskuchen. Plötzlich verfallen alle und sehen ganz grün aus, nur nicht die Maus, und Bär fragt gaaanz leise: "Maus hast du....?"

Die Schularbeiten erledigen

Ach, wie ist es doch schön, wenn Dachs und Maus einmal zu Hause die Schularbeiten erledigen, der Nachmittag wird länger, und Gämsi genießt die Dachse und Mäuse.

Wenn nicht da eine Maus-provoziererei wäre: "Ich mache keine Hausübung, ich will zuerst lesen, Rechnen freut mich jetzt nicht!"

Na, da geht das Gämsi hinaus, macht die Türe zu und bei der Maus wird es leise, denn Mausi macht eine Mamaüberraschung und erledigt ganz, ganz brav und ordendlich den ganzen Stapel Schularbeiten.

Es geht auf Uuuuurlaub

Es geht auf Uuurlaub, wie schön, zum Schifahren, und geschlafen wird in einem Ferienhaus mit einer anderen, kleinen Familie mit einem Mädchen so alt wie Dachs.

Dachs, Maus und die neue Freundin verstehen sich prächtig.

Es gibt nur Party. Morgens werden Sofaturnübungen gemacht, alle laufen oben über die Sofakante, alle verschwinden in dem kleinen Dachboden, und Verstecken wird auch gespielt. Dann kommt die ruhige Phase, denn Dachs liest etwas vor, abwechselnd mit der Freundin.

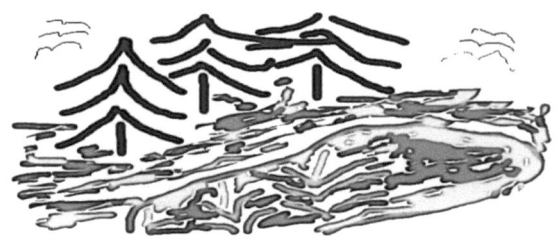

Das Schifahren ist überhaupt das Größte, und Papa hat immer leckere Schokoschnitten mit. Und am Abend gibt es endlos Party: da wird gegessen und Karten gespielt, und Lieder gehört.

Und da Mausi dann noch nicht müüüüüüde ist und neben der Freundin schläft, wird noch gequatscht, und das bis Mitternacht, die Eltern werden trotzdem morgens aus dem Bett geholt, schließlich will man ja Schifahren.

Häkeln

Es geht nicht in die Schule sondern zum Schifahren, trotzdem muss Mausi provozieren.

"Ich muss jetzt noch den Schmetterling häkeln!"

Alles will fahren, und Gämsi platzt der Kragen, gut, dass Dachs im Mausmanagement schon perfektioniert ist. Dachs meint lieb: "Mausi, schau, nimm einfach den gehäkelten Stern als Geschenk!" Und es geht los. Es geht über die Nebelgrenze, und alles ist perfekt. Es wird schigefahren, Mausi fährt wie ein Wildschweinchen, Dachsi bemüht sich schon um eine schöne Technik.

Doch als Papa Bärli zusieht und lobt, da macht auch Mausi ganz schöne Schwünge.

Der schönste Schwung für's Gämsi führt zum Sonnenbankerl, wo dann ganz viel gejausnet wird. "Noch ein Brot und noch ein Brot und natüüüürlich noch ein Schokolädelchen!"

Nach der Raubtierfütterung ist Dächschen aber schon wieder ungeduldig: "Papa kommst du?"

Doch da fahren Dachs, Maus und das befreundete Mädchen erst einmal allein. Dann geht es wieder zu den Schleppliften, und natürlich will das große Mausi alleine fahren. Gämsi genießt es, denn jetzt fährt sie mit dem Dachs.

Als dann die Lifte schließen, gibt es in der Hütte noch allerhand zu essen, die Wirtin bringt die letzten Topfenstrudel mit Vanillesoße. Danach geht es bei Vollmond und Lampenschein ab ins Tal, und danach sind alle ja sooo müde.

Dachs und Maus sinken im Auto auf Gämsis Arme.

Die Nachbarin ist zu Besuch

Die Nachbarin ist zu Besuch und alle sitzen gemütlich im Garten am Heurigentisch bei Kaffee und Kuchen. Alle? Nein Dachs zeigt stolz wie weit er die Nacktschnecken schießen kann. Der Schneckenspieß wird weit ausgeholt und die Schnecke schnellt mit Schwung... auf den Baum und direkt auf die arme Nachbarin. Ach, so ein Dachs.

Es wird eisgelaufen

Es wird eisgelaufen und Dachs düst.

Mausi anfangs auch, hätte Gämsi nur nicht erwähnt, dass sie so oder so fahren sollte, sonst wird das nix.

Mausi ist beleidigt und noch mehr, als sie die Jugendlichen an ihr vorbeizischen sieht. Wacker versucht Mausi, das in rasantem Tempo zu kopieren, und das gelingt sogar, aber nur vier oder fünf Kufenwechsel, dann landet Mausi auf dem Allerwertesten. Es macht es auch nicht besser, als Mausis Freundin kommt und Dachs gleich mit ihr eine schöne Runde fährt. Mausi schmollt und zwar ordentlich, aber Dachs nimmt sie lieb an der Hand und fährt mit ihr.

Das hilft und zum Schluss, nach einer Buchtelpause, ist die Schmollerei vorbei.

Dachs und Maus gehen in den Wald

Dachs und Maus gehen im Wald die Wildschweine suchen, wie die Gallier, denn da gibt es einen großen Wildschweinpark, den Papa Bär schon als Kind oft besucht hat. Gleich nach dem Eingang tummeln sich oberhalb ein paar Schweinchen, die sogleich verschwinden. Ein ziemlich großes Schwein läuft über den Weg, und Maus nimmt sofort Reißaus und versteckt sich hinter dem Gämsi. Dann wandert man munter weiter bei Wind und Wetter (kein liebliches Maiwetter).

Bei Wind und Wetter wird auf einer netten Bank eine große Jause gemacht, doch Dächschen schlottert und wird in vier Pullis gesteckt, denn die Jacke ist zu Hause geblieben; wer denkt Ende Mai auch an die Winterjacke? Danach geht's weiter und im Gehege gibt es noch Ziegen und Esel, aber die wilden Frischlinge und noch wilderen Wildschweine lassen sich nicht mehr blicken. Dachs macht fast einen Grummel, und zu tröpfeln fängt es auch noch an.

Dachs' Grummel ist aber schnell vergessen, denn es ist ja so lustig, die Kennzeichen der anderen Autos zu kommentieren. Und zu Hause, da macht Papa Bär einen dicken Kaiserschmarrn aus sechs Eiern! Und dann gibt es noch einen Zimmertreff.

Hochgeheime OIM Treffen
Maus und Dachs sind bei Oma Nilpferd und da macht Maus gleich ein hochgeheimes OIM Treffen.

OIM steht für **O**ma, **I**ris, **M**ax und das erste Passwort ist Zaubermond.

Da sind Oma und Maus ganz heimlich versteckt, und es wird entweder Hausübung gemacht (endlos) oder Comics gelesen (auch endlos). Manchmal schaut auch Dachs vorbei, doch der hat nicht die gleiche Ausdauer. Will das Gämsi eintreten, muss sie auch das Passwort sagen, und das ist nicht leicht, denn es wechselt ständig. Als nächstes Passwort wird dann "Elfenmond" gewählt.

Doch am nächsten Morgen lautet es schon "Zauberwald". Zwischendurch ist Maus mit Oma Nilpferd, Dachs, Gämsi, Onklodil und Bär bei der örtlichen Konditorei, und Mausi beweist, wie schön sie essen kann. Und am Abend ist das Passwort dann: "Geheimes Einhorn".

Am nächsten Abend ist Mausi bei einem Bekannten zu Besuch, und da isst man im schönen Keller nicht nur Krapfen mit klebriger Marmelade, sondern es gibt Granatapfelsaft und Johannisbeersaft dazu. Das färbt ja so schön! Mausi und Dachsi meistern beides: Es gibt kein Kleckern, kein Patzen, kein Schlenzen.

Sogar das Abendkleidchen ist nachher noch sauber, und alle freuen sich.

Wieder zu Hause

Wieder zu Hause ist Mausi alleine im Garten, während Dachs brav die Hausübung macht (Rechnen um einiges lieber als Schreiben). Und Mausi fliegt auf ihrem Zauberbesen durch den Garten und wirft sich in ihren weißen Umhang und ist gaanz brav, während Dächschen schwitzt und mit Mama schon wieder einmal diskutiert. Doch am Ende wird auch das Ende groß geschrieben, und es herrscht Friede, und schließlich nähern sich ja die Ferien.

Da darf man den Dachs nicht dauernd mit so Sachen wie "Wie schreibt man das? Wie schreibt man jenes? Und das gehört doch groß!" nerven.

Endlich gibt es wieder Schnee

Endlich gibt es einen Schnee, und Dachs und Maus sausen in den Garten.

Zuerst rollen beide Kugeln. Maus überlegt und baut einen ganz lieben Sandoschmuckbrausus. Dachs aber will ein Iglu bauen und wirft sich ganz ins Zeug. Die Kugeln sind so groß, dass Dachs und Gämsi sie kaum mehr rollen können. Als Gerüst dienen die langen Haselnusszweige und rundherum kommt Schnee. Das Iglu wird so groß, dass Maus darin verschwindet.

Das tut sie auch, denn als Sandoschmuckbrausus lieb herüberlächelt, verschwindet Maus im Iglu und macht dort ein Abstellplatzerl.

Tauwetter

Am nächsten Morgen fehlt vom Iglu ein Drittel, denn in der Nacht hat es geregnet.

Mausi kommt ganz lieb Gämsi und Bär wecken, doch dann ist Mausi langweilig und sie neckt den armen Bär, der Mausi durch's Haus jagt. Mausi nimmt Bärli dann fröhlich die schöne Bärengeschichte weg und den Brief. Gämsi will das wiederhaben, aber bei Maus braucht man Geduld.

Es ist Tauwetter, schade um den schönen Schnee, aber das macht nichts, denn dafür kann man beim großen Biotop so herrlich Einquatschen und Matschen. Denn die obere Eisschicht ist aufgetaut.

Mit ihren Gummistiefeln rutschen Dachs und Maus auf dem noch festen Eis darunter herum. Gämsi steigt auch drauf, doch da machts "Kracks"!

Zu Hause bauen Gämsi und Maus ein Flaschenthermometer, das auch Dachs fasziniert.

Wenn man es in den Kühlschrank stellt, verschwindet die rote Lebensmittelfarbe, und wenn man es herausstellt (vor allem bei beheiztem Ofen), da steigt die rote Säule zur Freude von allen, rasant an.

Am nächsten Tag ist wieder Schule, doch das macht nichts, denn endlich wird gehäkelt. Da die Kinder das aber nicht können und alle nach der Lehrerin rufen, bittet diese Dachs um Hilfe.

Dachs erklärt freudig Mädchen und Buben, wie denn die schönen Luftmaschen zu machen seien, und er ist zu recht ganz stolz darauf.

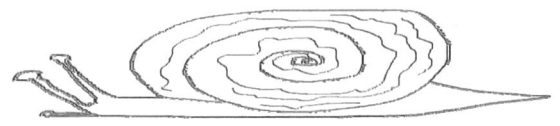

Aber zu Hause häkelt der geschickte Dachs lieber zehn bunte Schmetterlinge.

Oma Nilpferd

Dachs malt und zwar nicht irgendwas, sondern eine ganz, ganz lange Geschichte.

Dachs holt sich von Oma Nilpferd ein Schmierpapier. Da entsteht ein nächtlicher Dachswald mit Tieren und Oma's Freunden (das sind die Maulwürfe, denn davon hatte Oma endlos im Garten).

Ein Ameisenhaufen ist da, und ein großer Dachs, der einen kleinen füttert.

An jedes Papier wird ein neues geklebt, und Dachs erzählt die Geschichte.

Oma Nilpferd macht brav Photos und dann schreibt Oma die Geschichte auf und schickt sie dem Dächschen. Dachs ist so begeistert, dass er Oma alles vorliest und eine Fortsetzung an das Bild klebt, der nächtliche Wald geht weiter.

Dachs ist brav

Dachs ist brav und macht Hausübung, so fleißig schreibt er die schöne Schreibschrift.

Maus ist aber auch brav, denn so brav beschäftigt sie sich selbst. Da macht Dachs eine Pause, und Mausi fragt ganz schüchtern: "Dachs spielst du mit mir?"

Da wird ein kunterbunter Bau gemacht mit weißen Bausteinen, das ist die Ziegenmilch und einem mehrstöckigen Wagen, und alle Legolis dürfen da drauf sitzen, auch der dicke Ersatz und Flummi. Und außerdem gibt's Bausteinmuffins mit Blaubeeren drauf.

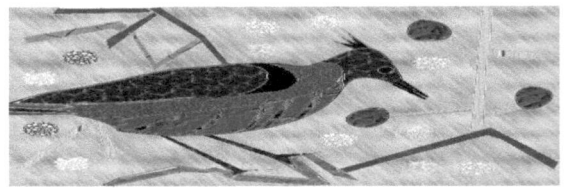

Es ist 1 Uhr in der Nacht

Es ist 1 Uhr in der Nacht, alles schläft friedlich, da gibt es einen Riesenknall, Gämsi hüpft auf und ruft: "Hilfe" und denkt schon, Dachs und Maus stürmen ins Zimmer.

Ein knautschiger Bär meint: "Das war ein starkes Erdbeben". Dachs und Maus schlafen aber friedlich und erfahren davon erst am Morgen.

Oma Nilpferd im Blauhaus

Oma Nilpferd ist im Blauhaus, und natüüüüüüürlich muss Dachs ihr seine schöne Sammlung zeigen. Dachs richtet das Mikroskop her und erzählt soo schön, aber Oma ist auch ausdauernd und wird mit Geschenken belohnt.

Am nächsten Tag ist es sonnig, da machen Gämsi, Dachs, Maus und Oma einen Ausflug an den Weingärten vorbei. Oma geht brav und Maus trägt ein Omabrav in die Omaliste ein.

Gämsi bekommt von Maus 10 Euro von ihrem Taschengeld, denn sie soll dafür einen Drachen kaufen.

Inzwischen sind Dachs und Maus ganz, ganz brav. Maus isst richtig brav ihr Frühstück, und obwohl sie den Honigtopf ausschlecken darf, kleben weder ihre Arme noch die Tischdecke. Danach wird weder Dachs provoziert, noch Maus verdroschen, nein, in wunderbarer Freundschaft bauen Dachs und Maus ein schönes Legokrankenhaus.

Dann sitzen Dachs und Maus nebeneinander auf dem Sofa. Während Dachs mit der Strickliesl eine ewig lange Seilbahn strickt, macht Maus ein Nähbild für den Papa und ein Bild für Oma.

"Ach ist das brav!" denkt Gämsi, als sie vom Einkauf kommt. Da wurde ein Papagei-Drachen für Maus gekauft und ein Eulen-Drachen für Dachs. Dachs nennt seinen Drachen "Euli", und Maus nennt ihren nur kurz "Papa" oder "Papi".

Jedenfalls fliegen Euli und Papi wunderbar trotz Windstille und Dachs und Maus haben rote Wangen. Gämsi darf auch einmal mit Euli und Papi herumlaufen.

Bei Oma auf Urlaub

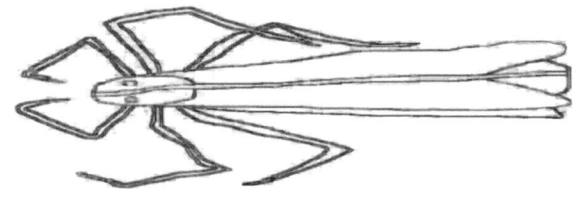

Dachs und Maus sind bei Oma auf Urlaub. Da kommt Oma natürlich einmal zum Wandern mit, was wunderschön ist, da das Wetter mit macht. Oma wackelt die sonnige Forststraße neben dem lieblichen Bach hinauf, und Bärli, Dachs, Maus und Gämsi biegen ab ins Gelände, wo sie auch geraume Zeit bleiben. Zurück am Forstweg sind alle hungrig, jetzt gilt es Oma Nilpferd zu finden.

Oma ist auch gleich per Telefon erreichbar. Doch wo steckt sie bloß?

Oma's Beschreibung lautet: "Nach dem Holzstoß, der Bach ist 30 m entfernt." Gämsi läuft den Weg zurück, so weit unten kann Oma doch nicht sein? Da ist der Schranken.

Oma wird angerufen: "Nein, nein, der Schranken ist ewig weit her." Jetzt wird es aber kompliziert. Gämsi kann's nicht glauben, Oma war schon weiter. Gemeinsam wird die Forststraße nach oben verfolgt, wo kann Oma verloren gegangen sein. Da kommt noch ein große Steigung, unmöglich, das kann nicht sein, da bellt der Bär. Tatsächlich, Oma war schon so weit gekommen. Da gibt es dann eine ganz feine Jause und einen Bravpunkt für die Omaliste.

Halloween

An Halloween darf man herumgeistern, zumindest die Maus. Maus schlüpft in ein Leintuch von Oma und geistert als Gespenst durch's Haus. Onklodil fürchtet sich sehr und gibt dem Geist zur Besänftigung eine 300 Gramm Packung Schokobananen. "Aber mit dem Dachs teilen!!" wird dem munteren Geist noch mitgeteilt.

Zurück von der Schule

Onklodil ist auf Besuch und da geht man wandern. Was braucht man zum Wandern? Natürlich eine gute Jause und Wanderschuhe.

Gämsi räumt alle Wanderschuhe vor die Tür und ruft entnervt (denn es gibt dauernd Streitereien, und es ist nicht ausnahmsweise Dachs besonders schlimm):

"Maus, gib die Wanderschuhe herein!"

Ein letzter Blick zur Haustüre, es ist zugesperrt, und es liegt nichts davor, alles ist eingepackt. Man fährt und fährt und ist endlich da. Gämsi öffnet den Kofferraum, verteilt die Rucksäcke, und wo sind die Wanderschuhe? Gämsi flucht unschön, kennt sich nicht aus und beschließt die Wanderung mit Sandalen zu machen. Nach ein paar Metern meldet sich eine kleinlaute Maus.

"Mama, ich hab die Wanderschuhe herein gebracht, macht das was?"

Gämsi ist zuerst verdutzt und muss dann schallend lachen, Maus hat die Wanderschuhe nicht in den offenen Kofferraum hinein gelegt, sondern hinein ins Haus gebracht, so ist das halt. Die Wanderung ist schön und man findet noch ein paar Steinpilze.

Im Gämsiland

Dachs und Maus sind im Gämsiland und wissen nicht, was sie tun sollen.

Da meint der Papabär: "Die Bockerl könnt ihr aufsammeln und in Kübel geben." Dachs macht ein Gesicht und meint: "Arbeiten in den Ferien?"

Da meint Mama Gämsi: "Ihr bekommt jeder 10 Cent, wenn ihr einen großen Haufen macht." Sofort fangen Dachs und Maus wie wild an die Bockerl zu sammeln. Gämsi bringt noch drei Kübel und ein großes Mörtel-schaffel, und alles wird ganz voll. Danach werden die Mitar-beiter der Filaloofirma bezahlt, und Dachs und Maus bringen ihre Münzen gleich in ihr Geld-tascherl. Im Garten wird dann noch chinesische Mauer gespielt, dass alle ganz schnell herum-laufen müssen, auch Mama Gämsi.

Mausi bastelt

Es ist Papaabend. Papa Bär liest ein Buch und liest und liest und erfindet und liest.

Dachs ruft aufgeregt: "Bärli, das steht da gar nicht!"

Dachs ist müde und geht brav zur Ruh und macht die Augen zu. Und Maus?

Maus ist auch müde doch Maus geht nicht zur Ruh und ist nicht brav.

Maus muss unbedingt heute noch den Adler aus der Wanderzeitschrift ausschneiden, und das jetzt noch.

Papas Hals wird dick und dicker, als er der Maus zusieht, die anfangs betont langsam den Adler ausschneidet.

Doch irgendwie muss Maus merken, dass Papis Hals dicker wird, denn sie wird schneller und letztlich noch schneller und schon liegt der Adler da. Da gibt es noch kurze Diskussionen wo der Adler liegen darf, und schließlich liegt Mäuschen friedlich in ihrem Bettchen, lieblich wie nur Mäuschen sein kann.

Wandern

Dachs, Maus und Gämsi gehen wandern, ausnahmsweise ohne Bär, doch man findet sich zurecht, jausnet fein, findet ein paar schöne Steine und geht schon wieder zurück. Da bleibt Dachs in der Wiese stehen und meint ganz ruhig: "Das ist ein Riesenbovist!"

Und tatsächlich das ist ein Riesenbovist. Der wird vorsichtig abgeschnitten, vorsichtig zum Auto getragen und als Schnitzelchen herausgebraten,njam, njam.

Marmorsteinbruch

Dachs und Maus wandern zum Marmorsteinbruch, und das ist schön. Da hat man eine schöne Aussicht.

Die können Mama Gämsi und Papa Bär aber nicht unbedingt genießen, denn es wird gerauft, was das Zeug hält. Dachs läuft hinter der Maus her, und Gämsi versucht, ihn abzufangen. Hat sich Dächschen endlich einmal beruhigt, fängt Maus an: "Dachs du kriegst mich nicht ela ela letsch!" "Wie die zwei verrauften Bären aus dem Film", denken sich Gämsi und Bär.

Nochmal schifahren

Maus und Dachs gehen nochmal schifahren. Da geht es zuerst hinauf auf den hohen Berg mit dem Sessellift. Ui, das ist fast unheimlich, so hoch ist das.

Oben angekommen ist alles sonnig und wunderbar, und der Schnee so fein. Es gibt die Tellerrodeln. Die gefallen Maus aber gar nicht. Dachs schwingt sich drauf und fährt schon alleine. Maus fährt mit Papa, dessen Arme lang und länger werden, weil er sich nur an Maus festhalten kann. Als Maus mit Gämsi fährt, gibt es überhaupt ein Trara, und Maus purzelt heraus. Wie gut, dass es da eine Jause auf dem Sonnenbankerl gibt mit vielen leckeren Sachen, auch Schokolädelchen. Frisch gefüllt ist Mausi mutig wie immer und fährt schon alleine los.

Bevor Gämsi noch hinter-
herkommt, sitzt Mausi schon
alleine auf dem Teller und grinst
von einem Ohr zum anderen.

Dachs und Maus im Wald

Dachs und Maus sind im
Wald und es ist eisig kalt. Das
hat Gämsi nicht bedacht, denn
unten war es viel wärmer. Naja,
da wird fleißig dem Papa Bär bei
der Holzarbeit geholfen. Dachs
und Maus bauen aus den
Sägespäne ein ganz liebes Zu-
hause für das Weißstreifentier.

Das Gehege wird dann noch mit Zapfen umrundet, und fertig ist es. Zwischendurch klettert Mausi an den Fichten hoch, hilft Papa Bär beim Verladen und fährt im Traktor mit, abwechselnd mit dem Dachs. Und am Abend gibt es Striezel ohne Ende.

Schreibschrift

Dachs hat heute eine ganze Seite Schreibschrift in der Schule geschrieben. Die Lehrerin hat ihn sehr gelobt, seine Fehler gekennzeichnet, und er hat dann alle Fehler alleine ausgebessert, und sie hat ihm dann ** einen Doppelstern gegeben. Dachs war ja sooo stolz.

Dachs kommt vom Schulbus

Dachs kommt vom Schulbus und strahlt so und erzählt: "Mama, die Lehrerin hat meine Schreibschrift so gelobt, und ich habe zwei Sterne bekommen und alle Fehler selbst ausgebessert." Dachs kramt sein rotes Heft heraus und Gämsi und Bär lesen den Text über die Hexe und bestaunen den Doppelstern **. "Und ich habe der Lehrerin gesagt, dass ich jeden Tag die Lernwörter übe", meint Dachs weiter und Gämsi freut sich.

Mausi hat eine Sonne gebastelt, und das Liebste, eine kleine Mama aus Papier, die stellt Gämsi gleich auf den Esstisch.

Am nächsten Tag kommt Mausi strahlend aus dem Kindergarten, denn sie hat für den Mamatag gebastelt: ein grünes Herz zum Aufklappen, da steht Iris und Mama drin und ein Bild, da steht Max, Iris, Mama, Papa drauf.

Dachs kommt strahlend von der Schule und erwähnt seinen Brief gar nicht, den Gämsi dann in der Schultasche findet, da ist der allerliebste in Schreibschrift geschriebene Brief drin.

Es ist morgen

Es ist morgen und Papa Bär ruft liebevoll: "Frühstück, Kinder!" Ein verschlafener Dachs und eine muntere Maus setzen sich zum Frühstück.

Maus isst mit Genuss ihr Cremehonigbrot und sitzt dann Stunden vor dem Fruchtmus. Dachs' aufgeregte Rufe: "Maus, jetzt mach weiter!" helfen gar nicht, denn da wird Mausi nur noch mehr zum Trödeln angestachelt.

"Patsch", da ist es schon passiert, das Fruchtmus ergießt sich auf's Tischtuch. Bär seufzt und meint: "Wann wird das endlich aufhören? Wenn ihr auszieht?" und putzt brav.

Es ist morgen und Papa Bär ruft liebevoll: "Frühstück, Kinder". Ein verschlafener Dachs und eine muntere Maus setzen sich zum Frühstück. Dachs schaut leicht schlimm auf die Maus, ob sie wohl wieder mit dem Fruchtmus spielt.

Er meint: "Papa, kann ich noch mehr Fruchtmus haben?" "Patsch!" ergießt sich Dachs' Fruchtmusglas auf den Tisch. Bär ist gerade nicht da, aber Gämsi seufzt und putzt schnell. Als Bär hereinkommt, meint er nur trocken: "Du hast was gut Dachs, denn mir ist gestern ein (leeres) Honigglas heruntergefallen."

Von früher

Es ist Morgen, und alle frühstücken herzhaft. Gämsi muss früher los, und Bär bringt Dachs und Maus in Schule und Kindergarten. Da entwickelt sich eine hektische Betriebssamkeit: Maus muss noch dies und das und jenes machen, eh nur ganz kurz.

Dachs ist nicht hilfreich, denn sein ständiges Gebrüll: "Maus, tu weiter!" stachelt Mäuschen nur noch an. Dann müssen sowohl Dachs als auch Maus heute ihre Rucksäcke mitnehmen, denn trotz ausgesprochenem Sauwetter könnte die angekündigte Schulwanderung stattfinden, und Mausi will einfach auch einen Rucksack mitnehmen. Natürlich müssen da vorher die Taschenmesser heraus, denn sowas kann man nicht in Schule und Kindergarten mitnehmen. Dachs durchsucht den ganzen Rucksack erfolglos, denn Gämsi hatte das Messer schon vorher herausgegeben.

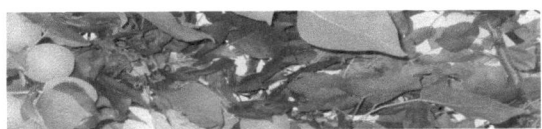

Ein bebackelter Dachs spaziert in die Schule hinein, und Mäuschen läuft von selbst zum Kindergarten.

Mäuschen ist ganz aufgeregt

Mäuschen ist ganz aufgeregt, denn Anita war noch im Garten, und sie will alleine hinüberlaufen, Gämsi hat es erlaubt. Da saust Mäuschen zur Kellertüre, geraume Zeit später kommt Mäuschen und meint: "Mamaaa, die Kellertüre geht nicht auf!" Gämsi geht mit Mäuschen nach und ergreift einen völlig verbogenen Schlüssel und hält den halben Schlüssel in der Hand, die Tür ist bummfest zu. Gämsi schimpft.

Maus schaut betroffen, und alle gehen erst einmal bei der Haustüre ein und aus.

Als Papa Bär nach Hause kommt, geschieht das Wunder: Bär zieht mit einer feinen Zange innen am Schlüsselrest, Gämsi schiebt von außen mit dem und klickt, die Türe läßt sich wieder öffnen. Mausi übt die feine Handhabe des Kellerschlosses, und es herrscht wieder Frieden.

Dachs ist brav

Dachs ist brav bei der Hausübung, da liest er Oma Nilpferd immer etwas vor. Er bekommt auch Cent dafür, aber er macht es auch gerne und erzählt Oma immer etwas. Eines Nachmittags liest er dann weiter, schickt Gämsi hinaus und liest und liest.

Maus ist brav, denn sie hilft Papa Bär beim Verladen des Brennholzes und wirft die Holzstücke sogar in die Käfige.

Hausaufgabe

Maus bringt eine Hausaufgabe mit, aber für Mama Gämsi. Da ist ein wunderschönes Bild, aber nur in Blau und Weiß, da stehen die Farben drauf, und Gämsi soll's anmalen, aber nur mit der Maus!

Zu Mittag gibt es Salat, und zum Salat gibt es einen Jucky Sourdough, so heißt das leckere selbsgebackene Gämsenbrot. Aber der Jucky ist noch ein wenig gefroren.

"Das macht ja nichts, der kommt eh in den Toaster", denkt sich das Gämsi, aber die Brotschneidemaschine plagt sich und plagt sich und plötzlich ist es aus. Ui, die Kunststoffhalterung ist abgebrochen! Da sind Gämsis Nerven blank.

Gämsi holt den Honigwild-
baukübel aus den Kühlschrank
und schleckt und schleckt. Dachs
sagt schlau: "Mama isst Nerven-
nahrung, die Nerven werden
wieder dicker!" Doch dann rührt
Mausi im Salat herum. Dachs
spricht weiter: "Die Nerven werden wieder dünner!"

Die großen Wellen

Oma Nilpferd schlüpft in
ihr dunkelblaues Kleid, und
Dachs und Maus helfen, den Zip
zuzumachen.

Das ist ja nicht so leicht, denn die Oma ist ein wenig rundlich. Maus schlüpft in ihr wunderschönes blaues Kleid von der großen Iris, und Dachs? Dachs macht erst einmal einen Schnoffel, als er wie der Papa ein feines hellblaues Hemd und eine sehr dunkle dunkelblaue Hose anziehen soll. Dann lässt sich Dachs aber verkleiden, sieht unglaublich fesch aus, dass auch Oma die Luft wegbleibt und ist mit sich zufrieden. Auf geht's zum Schulfest! Dachs ist schon recht aufgeregt, kein Wunder, denn er wird singen und tanzen. Doch vorher geht es noch zum Büffet. Wie magisch werden Dachs und Maus von der rosa Himbeertorte angezogen.

Und Gämsis Apfelkuchen ist auch auf dem Teller. "Wusch", hat Maus zwei rosa Streifen auf dem blauen Kleid. "Watsch", landet die Himbeertorte, rosa Seite voran, auf Dachs' hellblauem Ausgehhemd.

"Mamaa!", meint Dachs verzweifelt. Gämsi lacht, denn die dunkle dunkelblaue Hose ist weiß bepudert. Wisch, wisch, stopf, stopf, und schon kommt ein Mädchen und holt Dachs hinter die Bühne. Mausi sitzt anfangs auf der Mama, dann aber ganz vorne und beklatscht laut ihren Bruder und die anderen Kinder.

So, schön gemacht und so fesch sind der Dachs und die Maus mit nur einem Verdacht von Rosa.

Anita ist zu Besuch

Anita ist zu Besuch und muss gleich mit Dachs 4 gewinnt spielen. Dachs freut sich wie ein Schneekönig, weil er so oft gewinnt. Doch da hat er etwas übersehen, und von den Roten gibt es 4. Dann bringt Mausi die kleinen hüpfenden Saugnäpfe, und schon ist das Gaudium perfekt. Die Saugnäpfe werden im Kreis geworfen und niemand will, dass es bei ihm "Plopp" macht. Es ist alles so lustig bis Anita meint: "Wann ist denn bei Euch Bettgehzeit?" Als Gämsi dann meint: "Um sieben", verfällt Dachs in einen sofortigen Grummel und verzieht sich in sein Zimmer.

Aber Dachsi kommt noch einmal herunter, um Anita von seiner Sammlung ein Geschenk zu geben.

"Wums! Krach!"

"Wums! Krach!" da landen alle Bausteine wieder einmal auf der Spieledecke. Mausi ist nicht faul und holt Wachsi, ihre zwei gehäkelten Mäuse, die gestrickte Maus, die rote und die gelbe Maus und die aufziehbare Maus vom Zimmer herunter. Dann wird ein Krankenhaus für die Mäuse gebaut. Dachs macht den größten Bau aller Zeiten, sogar mit einem eigenen Lift.
Das waren einige der Erlebnisse von Dachs, Maus, Gämse und Bär.